Ernst Probst

Die Laugen-Melaun-Gruppe in der Schweiz

Eine Kultur der Bronzezeit von etwa 1200 bis 800 v. Chr.

Ernst Probst

Die Laugen-Melaun-Gruppe in der Schweiz

Eine Kultur der Bronzezeit von etwa 1200 bis 800 v. Chr.

GRIN Verlag

Bibliografische Information der Deutschen Nationalbibliothek: Die Deutsche Bibliothek verzeichnet diese Publikation in der Deutschen Nationalbibliografie; detaillierte bibliografische Daten sind im Internet über http://dnb.d-nb.de/ abrufbar.

1. Auflage 2011
Copyright © 2011 GRIN Verlag GmbH
http://www.grin.com
Druck und Bindung: Books on Demand GmbH, Norderstedt Germany
ISBN 978-3-656-08172-2

*So genannte »reiche Frau« der Urnenfelder-Kultur
auf einer von dem Münchener Historienmaler
und Altertumsforscher Julius Naue (1832–1907)
geschaffenen historischen Trachtenrekonstruktion*

Ernst Probst

Die Laugen-Melaun-Gruppe in der Schweiz

Eine Kultur der Bronzezeit
von etwa 1200 bis 800 v. Chr.

Widmung

Dr. Gretel Gallay (heute Callesen),
Dr. Albert Hafner und
Dr. Jürg Rageth gewidmet,
die mich bei meinem Buch
»Deutschland in der Bronzezeit« (1996)
unterstützt haben,
sowie der wissenschaftlichen Graphikerin
Friederike Hilscher-Ehlert

Inhalt

Auf dem Montlinger Berg bei Oberriet
im Kanton Sankt Gallen
hat man zur Zeit der Laugen-Melaun-Gruppe
eine befestigte Siedlung errichtet.
Sie wurde durch einen 120 Meter langen Wall
aus Lehm, Stein
und vielleicht auch Holz geschützt.

Vorwort

Eine Kultur der Bronzezeit, die von etwa 1200 bis 800 v. Chr. gebietsweise in den Kantonen Graubünden und Sankt Gallen sowie in Liechtenstein existierte, steht im Mittelpunkt des Taschenbuches »Die Laugen-Melaun-Gruppe in der Schweiz«. Geschildert werden die Anatomie der damaligen Ackerbauern, Viehzüchter und Bronzegießer, ihre Siedlungen, Kleidung, ihr Schmuck, ihre Keramik, Werkzeuge, Waffen, Haustiere, Jagdtiere, ihr Handel und ihre Religion.

Verfasser dieses Taschenbuches ist der Wiesbadener Wissenschaftsautor Ernst Probst. Er hat sich vor allem durch seine Werke »Deutschland in der Urzeit« (1986), »Deutschland in der Steinzeit« (1991) und »Deutschland in der Bronzezeit« (1996) einen Namen gemacht.

Das Taschenbuch »Die Laugen-Melaun-Gruppe in der Schweiz« ist Dr. Gretel Gallay (heute Callesen), Dr. Albert Hafner und Dr. Jürg Rageth gewidmet, die den Autor mit Rat und Tat bei seinem Buch »Deutschland in der Bronzezeit« unterstützt haben.

Der dänische Archäologe
Christian Jürgensen Thomsen (1788–1865)
hat 1836 die Urgeschichte
nach dem jeweils am meisten verwendetem Rohstoff
in drei Perioden eingeteilt:
Steinzeit, Bronzezeit und Eisenzeit.

Die Spätbronzezeit in der Schweiz

Abfolge und Verbreitung der Kulturen und Gruppen

Die Spätbronzezeit begann in der Schweiz etwa um 1300/1200 v. Chr. und endete um 800 v. Chr. Sie umfasst die Stufen Bronzezeit D (etwa 1300 bis 1200 v. Chr.) sowie Hallstatt A und B (etwa 1200 bis 800 v. Chr.). Die Funde aus den Seeufersiedlungen stammen aus den Stufen Hallstatt A 2, B 1 und B 2.

In den meisten Kantonen der Schweiz war von etwa 1300/1200 bis 800 v. Chr. die Urnenfelder-Kultur verbreitet.[1] Das beweisen Funde aus Seeufersiedlungen (»Pfahlbauten«), Gräberfeldern und Depots.

In Teilen von Graubünden und Sankt Gallen wanderten zwischen etwa 1300 bis 1100 v. Chr. Angehörige dreier verschiedener Kulturen in das Gebiet der Inneralpinen Bronzezeit-Kultur ein. In Nord- und Mittelbünden lebten Menschen der Urnenfelder-Kultur und der Laugen-Melaun-Gruppe (s. S. 17). Im Unterengadin behauptete sich nur die Laugen-Melaun-Gruppe. In Südwestbünden (Misox) gab es eine Kultur südalpiner Herkunft.

Karte auf Seite 15:

Verbreitung der Kulturen und Gruppen
während der Spätbronzezeit
(etwa 1300/1200 bis 800 v. Chr.) in der Schweiz
Karte aus dem Buch
»Deutschland in der Bronzezeit« (1996)
von Ernst Probst

Rhein
Donau
Iller
Mosel
Freiburg
Ravensburg
Bodensee
Saône
Schaff-hausen
Basel
Aare
Thur
Bregenz
Zürich
St.Gallen
Zürichsee
Doubs
Vaduz
Walensee
Solothurn
Luzern
Urnenfelder-Kultur
Neuen-burg
Vierwaldstätter See
Vorderrhein
Chur
Bern
Aare
Laugen-Melaun-Gruppe
Neuenburger See
Thuner See
Brienzer See
Hinterrhein
Saane
Lausanne
Genfer See
Rhône
Tessin
Inn
Genf
Adda
Sondrio
Lago Maggiore
Lugano
Lago di Como
Como
Aosta
Grafik: Veit
0 10 20 30 40 50 60 70 km

JÜRG RAGETH,
geboren am 30. Dezember 1946 in Chur (Graubünden),
studierte in Zürich
bei Professor Dr. Emil Vogt (1906–1974).
Er ist Prähistoriker
und arbeitete seit 1973
beim Archäologischen Dienst Graubünden
in Chur und Haldenstein.
Sein Interesse gilt vor allem der Bronzezeit.
Von 1971 bis 1983 leitete er
die Ausgrabungen
auf dem bronzezeitlichen Siedlungsplatz Padnal
bei Savognin in Graubünden.
1986 schlugen Rageth und andere Archäologen
den Begriff Inneralpine Bronzezeit-Kultur vor.

Die Einwanderer in Graubünden

Die Laugen-Melaun-Gruppe

In der Spätbronzezeit zwischen 1200 und 1100 v. Chr. drangen Angehörige fremder Kulturen in das vermutlich schwach besiedelte Verbreitungsgebiet der Inneralpinen Bronzezeit-Kultur ein und führten deren Ende herbei. Man weiß nicht, ob dies auf friedlichem oder auf kriegerischem Wege geschah. Bei diesen fremden Kulturen handelte es sich um die Urnenfelder-Kultur, um die Laugen-Melaun-Gruppe und um eine Kultur südalpiner Herkunft.

Nach Ansicht des Bündner Prähistorikers Jürg Rageth kamen Menschen der Urnenfelder-Kultur und teilweise auch der Laugen-Melaun-Gruppe aus dem Norden über Vorarlberg (Österreich) und das Sankt Galler Rheintal nach Nord- und teilweise auch nach Mittelbünden. Sie gelten als die Vorfahren der eisenzeitlichen Kelten in Graubünden.

Von Süden her gelangten – laut Rageth – gleichzeitig Leute der Laugen-Melaun-Gruppe aus ihrer Heimatregion im Trentino und Südtirol (Italien) ins Unterengadin. Die Laugen-Melaun-Leute werden als Ahnen der historischen Räter in Graubünden betrachtet.

In Nord- und Mittelbünden lebten während der Spätbronzezeit sowohl Angehörige der Urnenfelder-Kultur als auch der Laugen-Melaun-Gruppe friedlich neben-

ADRIAN EGGER,
geboren am 8. September 1868 in Prägraten,
gestorben am 18. März 1953 in Brixen,
wurde 1899 zum Priester geweiht.
Er wirkte acht Jahre als Seelsorger,
bevor er 1908 nach Brixen berufen wurde,
um die Diözesan-Kunstpflege zu betreuen.
Daneben interessierte er sich
bald immer mehr für die Vorgeschichte
des Eisack- und Pustertals,
wovon seine Publikationen
und die prähistorische Sammlung
im Diözesanmuseum zeugen.
Egger verwendete 1917
als erster den Begriff Laugenkultur.

GERO VON MERHART,
geboren am 17. Oktober 1886
in Bregenz (Österreich),
gestorben am 4. November 1959
in Kreuzlingen (Schweiz).
Er promovierte 1913 in München,
geriet 1914 in russische Gefangenschaft
und arbeitete 1919 bis 1921 an russischen Museen.
Von 1921 bis 1927 wirkte er
am Museum Ferdinandeum
und an der Universität Innsbruck,
danach kurz in Mainz
und 1928 bis 1949 als Professor in Marburg.
Von Merhart prägte 1927
den Begriff Melauner Kultur.

einander. Im Unterengadin behauptete sich die Laugen-Melaun-Gruppe alleine.

Zentrum der erwähnten Kultur südalpiner Herkunft war Südwestbünden (Misox). Deren Ursprungsgebiet wird im Tessin und in der Lombardei vermutet. Handelte es sich hierbei um Vorgänger eines »lepontischen Kreises«?

Über das Schicksal der Menschen der Inneralpinen Bronzezeit-Kultur kann man nur spekulieren. In ihren ehemaligen Siedlungen findet sich plötzlich keine Spur mehr von ihnen. Womöglich blieben die Angehörigen dieser Gemeinschaft teilweise in Graubünden ansässig oder sie sind in andere Regionen abgewandert.

Die Laugen-Melaun-Gruppe, von der in diesem Kapitel die Rede sein soll, verdankt den Fundorten Laugen (Luco) und Melaun (Meluno) in Südtirol ihren Namen. Diese Gruppe wurde im Laufe ihrer Erforschungsgeschichte unterschiedlich benannt und zeitlich eingestuft, ehe man ihr wahres Alter erkannte.

Von den Menschen der Laugen-Melaun-Gruppe in Graubünden liegen bisher nur spärliche Skelettreste vor. Sie stammen alle aus der Siedlung Schuls-Kirchhügel (Scuol-Munt Baselgia). Dabei handelte es sich um Reste von vier Personen: einen etwa 1,70 Meter großen Mann, einen etwa 20-jährigen Mann, eine erwachsene Frau und einer erwachsenen Person, deren Geschlecht sich nicht feststellen ließ.

Der Fund eines zylindrischen Tonrings aus Schuls-Kirchhügel gilt als Webgewicht. Diese Form ging den ringförmigen Webgewichten voraus, die vielleicht eine andere Webtechnik dokumentieren. Die damalige Kleidung ist sicherlich aus Schafwolle gewebt worden.

Eindeutig zur Laugen-Melaun-Gruppe gehören die Fundstellen des Unterengadins in Graubünden, wo in spätbronzezeitlichen Siedlungen fast nur typische Keramik dieser Gruppe zum Vorschein kam. Das war in Ardez[1], Schuls-Kirchhügel[2], Ramosch-Mottata[3] und Susch[4] der Fall.

Die Siedlung von Ardez lag am südwestlichen Abhang des Burghügels von Steinsberg (Suot Chastè). Untersuchungen des Archäologischen Dienstes Graubünden haben ergeben, dass diese Lokalität von der Spätbronzezeit bis in die jüngere Eisenzeit ständig bewohnt wurde.

Bei Ausgrabungen auf dem Kirchhügel von Schuls stieß man über Siedlungsresten der mittelbronzezeitlichen Inneralpinen Bronzezeit-Kultur auch auf solche der spätbronzezeitlichen Laugen-Melaun-Gruppe. Der Kirchhügel ist 30 Meter hoch und fällt felsig und steil zum Inn ab. Dort hatten Häuser mit den Grundflächen von mindestens fünf mal fünf Metern bis maximal acht mal zehn Metern gestanden, in denen schätzungsweise vier bis fünf Personen wohnten. Das Dorf zählte mehr als 40 Einwohner.

Dass die Laugen-Melaun-Leute gerne auf hochgelegenen Standorten siedelten, zeigten auch die Ausgrabungen auf dem Geländesporn Mottata – 1520 Meter hoch über dem Meeresspiegel – bei Ramosch. Dort konnten auf einem allseits von Felsen begrenzten kleinen Plateau über Siedlungsspuren der mittelbron-

zezeitlichen Inneralpinen Bronzezeit-Kultur einige
Hausgrundrisse der Laugen-Melaun-Gruppe freigelegt
werden.
Die Siedlungen Ramosch-Mottata und Schuls-Munt
Baselgia gehören zu jenen Fundorten, an denen nachgewiesen wurde, dass dort die Laugen-Melaun-Gruppe die Inneralpine Bronzezeit-Kultur abgelöst hat. Das
beweisen die erwähnten mittelbronzezeitlichen Siedlungsspuren, über denen diejenigen der Laugen-Melaun-
Gruppe liegen.
Keramikstreufunde belegen außerdem die Anwesenheit
von Laugen-Melaun-Leuten auf dem Felskopf Lichtenstein ob Haldenstein[5] über dem Rhein. An diesem
Fundort hatte der Kreisförster und verdiente »Spa-
tenforscher« Walo Burkart (1887–1952) aus Chur
gegraben.
Außer auf markanten Hügeln, Hochplateaus und
Felskuppen, die man wohl wegen ihrer geschützten
Lage als Bauplatz bevorzugte, gab es auch Siedlungen
in Tälern. Eine Talsiedlung, in der sowohl Keramik
der Urnenfelder-Kultur als auch solche der Laugen-
Melaun-Gruppe zum Vorschein kam, wurde unweit
des Rheins in Domat/Ems[6] entdeckt. Pfostenlöcher,
Gruben und Hüttenlehmfragmente stammen von
ehemaligen Behausungen. Die Hüttenlehmfragmente tragen teilweise Abdrücke von Rundhölzern und
Ruten.
Reichlich vertreten ist das Laugen-Melaun-Fundgut im
Sankt Galler und Churer Rheintal. Aber in dort
gelegenen spätbronzezeitlichen Siedlungen kommen die

Laugen-Melaun-Zeugnisse immer sehr stark mit Fundgut der Urnenfelder-Kultur vermischt vor. Es waren also keine »reinen« Laugen-Melaun-Siedlungen.

In Chur-Sennhof/Karlihof[7] betrug der Fundanteil der Urnenfelder-Kultur schätzungsweise etwa 50 bis 70 Prozent, während der Rest auf die Laugen-Melaun-Gruppe entfiel. Wahrscheinlich handelte es sich hier um Siedlungen mit einer »Mischbevölkerung« aus Urnenfelder- und Laugen-Melaun-Leuten.

Auf dem Montlinger Berg bei Oberriet[8] im Kanton Sankt Gallen war eine befestigte Siedlung aus jener Zeit errichtet worden, die durch einen 120 Meter langen Wall aus Lehm, Stein und vielleicht auch Holz geschützt wurde. Der Zugang erfolgte durch ein Tor, das den Wall unterbrach. Von den ehemaligen Behausungen blieben Herdstellen, Pfostengruben und Steinpflaster erhalten.

Bei den Untersuchungen auf dem Montlinger Berg gelangte der Ausgräber Benedikt Frei (1904–1975) aus Mels 1954 zu einer wichtigen Erkenntnis: Er stellte fest, dass die Laugener Keramik schon aus der Urnenfelder-Zeit stammt und die Melauner Keramik erst aus der Eisenzeit. Der Lehrer Frei wurde für seine grundlegenden Studien über die Laugen-Melaun-Gruppe mit dem Ehrendoktortitel der Universität Zürich ausgezeichnet.

Auch im Fürstentum Liechtenstein lebten Angehörige der Laugen-Melaun-Gruppe und der Urnenfelder-Kultur zusammen. Manche Prähistoriker nehmen an,

Der Kreisförster Walo Burkart (1887–1952)
aus Chur
hat sich um die Erforschung von Höhensiedlungen
der Inneralpinen Bronzezeit-Kultur
und der spätbronzezeitlichen Laugen-Melaun-Gruppe
in Graubünden große Verdienste erworben.

Der Lehrer Benedikt Frei (1904–1975, rechts) aus Mels
stellte bei seinen Ausgrabungen auf dem Montlinger Berg
bei Oberriet im Kanton Sankt Gallen (Schweiz) fest,
dass die Laugener Keramik schon aus der
spätbronzezeitlichen Urnenfelder-Zeit
(etwa 1300/1200 bis 800 v. Chr.) stammt.

dort habe die Grundbevölkerung aus Hirtenbauern der Laugen-Melaun-Gruppe bestanden, die von eingewanderten Urnenfelder-Leuten dominiert wurden.

Der Eschnerberg (früher Schellenberg genannt) in Liechtenstein war Standort für drei Höhensiedlungen, in denen Keramik der Laugen-Melaun-Gruppe geborgen wurde. Es sind die Fundorte Lutzengüetle[9] und Malanser[10] im Gemeindegebiet Eschen sowie der Kirchhügel in Bendern[11]. Weitere Höhensiedlungen lagen auf dem Gutenberg bei Balzers[12] und auf Krüppel ob Schaan[13]. Letztere hatte den Charakter einer Fluchtsiedlung auf einem 450 Meter hohen Sporn des Drei-Schwestern-Massivs.

Auf der Flur »Im Feld« in Nendeln[14] (Liechtenstein) wurde eine kleine Talsiedlung von Weilergröße entdeckt. Von ihr blieb ein zehn Meter langer und 5,30 Meter breiter Hausgrundriss mit einer Feuerstelle erhalten.

Nach den Funden von Schuls-Kirchhügel zu schließen, wurden von den Bewohnern dieser Siedlung Rinder, Schafe, Ziegen und Schweine als Haustiere gehalten. Pferde und Hunde waren selten. Im Gegensatz zu den übrigen Haustierresten weisen die Hundeknochen keine Schnittspuren auf. Hunde wurden demnach nicht geschlachtet und verzehrt.

Wildtiere spielten in Schuls-Kirchhügel keine wichtige Rolle bei der Ernährung. Ihre Knochen fanden häufig als Rohmaterial für Werkzeuge Verwendung. Nachgewiesen ist das Vorkommen von Wildschweinen *(Sus scrofa)*, Rothirschen *(Cervus elaphus)*, Auerochsen *(Bos primigenius)*, Wisenten *(Bos bonasus)*, Gemsen *(Rupicapra rupicapra)*, Steinböcken *(Capra ibex)*, Braunbären *(Ursus arctos)*, Schell- oder Schreiadlern *(Aquila clanga* oder *Aquila pomarina)*, Auerhähnen *(Tetrao urogallus)*, Igeln*(Erinaceus europaeus) und* Steinmardern *(Martes foina)*.

Die Töpfer der Laugen-Melaun-Gruppe modellierten tönere Krüge, Schüsseln, Schalen, Becher und Vorratsgefäße. Besonders typisch ist der Henkelkrug mit ausgeprägtem Standfuß, Ausguss und teilweise reicher Ornamentik. Die grobe Gebrauchskeramik bleib meistens unverziert.

Benedikt Frei nahm 1971 an, die Keramik der Laugen-Melaun-Gruppe sei durch Händler oder wandernde Töpfer verbreitet worden. Denn nach seinen Erkenntnissen sind die Form und die Verzierung der Krüge in Südtirol, in Nordtirol, im Engadin und im Alpenrheintal gleichzeitig aufgetreten.

Freis Vermutung wurde einige Jahre später durch Untersuchungen an 137 Keramikscherben von 13 Fundstellen durch das Mineralogisch-Petrographische Institut der Universität Freiburg (Schweiz) teilweise bestätigt: Die meisten der im Engadin gefundenen Gefäße (77 Prozent) waren nämlich aus Ton geformt, der aus Südtirol oder dem Trentino stammte. In den übrigen Gebieten Graubündens ließ sich weder eine allgemeine lokale Fertigung noch ein generell weitreichender Keramikexport feststellen.

Die keramischen Fremdfabrikate im Engadin weisen einen merklichen Anteil vulkanologischer Mineralien auf,

*Verzierter Henkelkrug mit Standfuß und Ausguss
aus der Zeit der Laugen-Melaun-Gruppe vom Montlinger Berg
bei Oberriet im Kanton Sankt Gallen.
Höhe ungefähr 20 Zentimeter.
Original im Historischen Museum, Sankt Gallen*

Steinscheibe mit Sonnensymbol
von Schuls-Kirchhügel (Scuol Munt Baselgia)
im Kanton Graubünden.
Früher wurde dieser Fund auch als Steinkeule gedeutet.
Durchmesser 12,8 Zentimeter.
Original im Rätischen Museum, Chur

die nicht im Engadin vorkommen. Vor allem bei den verzierten Scherben überwogen die Fremdfabrikate, während sich einzelne Fragmente von grober Keramik als lokale Erzeugnisse erwiesen.

Diese Ergebnisse wurden 1979 durch die Prähistorikerin Lotti Stauffer aus Zürich sowie die Mineralogen Marino Magetti und Christian Marro aus Freiburg (Schweiz) veröffentlicht. Sie nahmen an, dass fertige Tongefäße – und nicht etwa frischer Ton in Krügen – über den Reschen- beziehungsweise Ofenpass ins Engadin geliefert wurden. Denn die petrographischen Untersuchungen der Scherben hatten ergeben, dass der hierfür verwendete Ton von mehreren Herkunftsorten stammt, was gegen den Tonvorrat eines wandernden Töpfers spricht.

An manchen Fundstellen wurden auch Hinweise auf das Metallhandwerk jener Zeit entdeckt. So gelten die in Montagna ob Schiers[15] in Graubünden geborgenen zehn bronzenen Bergbauhämmer, Fragmente von solchen sowie fünf Gusskuchen als Depot eines Bronzegießers oder händlers. Die meisten dieser Funde kamen bei der Reparatur eines Stalles zum Vorschein, nur ein Gusskuchen wurde später von einem Schüler gefunden. Das Depot von Montagna ob Schiers hat ein Gesamtgewicht von 18 Kilogramm.

Von Erzsuchern der Laugen-Melaun-Gruppe, die neue Kupferlagerstätten ausfindig machen wollten, könnten einige der spätbronzezeitlichen Gegenstände zurückgelassen worden sein, die auf den Höhen des Rätikongebirges gefunden wurden. Allerdings ist es ebensogut möglich, dass diese Objekte bei der Jagd, Hochweidenutzung, Alpwirtschaft oder Passbegehung verloren gingen.

Zu den Steinwerkzeugen gehört eine Scheibe von Schuls-Kirchhügel, die mit einem Sonnensymbol verziert ist. Die Verzierung ist mit einem Messer geschnitten oder mit einem Meißel eingekerbt worden. Früher wurde dieser Fund mit einem Durchmesser von 12,8 Zentimetern auch als Steinkeule gedeutet.

Aus Domat/Ems liegt ein kleines Bronzedolchfragment vor. Auf dem Montlinger Berg kamen bronzene Klingen von so genannten Montlingeräxten zum Vorschein, die für die Urnenfelder-Kultur untypisch sind und deswegen der Laugen-Melaun-Gruppe zugeschrieben werden.

Bronzene Nadeln und Fibeln dienten als Schmuck und Gewandschließen. In Schuls-Kirchhügel barg man eine Kugelkopfnadel mit eingepunztem Tannenzweigmuster und umlaufenden Rillen auf dem Hals. Am Montlinger Berg fand sich eine Zwiebelkopfnadel mit geschwollenem und wechselnd gedrehtem oder graviertem Hals. Dabei handelte es sich um Bronzeobjekte, die auch in der Urnenfelder-Kultur bekannt waren. In Domat/Ems wurde eine bronzene Bogenfibel mit gedrehtem Bügel ausgegraben.

Neben Schmuckstücken aus Bronze gab es aber auch solche aus anderem Material. So wurde in Schuls-Kirchhügel ein Eberzahn zutage gefördert, der wohl als Anhänger diente.

Auch durchbohrte Spiel- oder Orakelknochen (Astragali) zählten zum Inventar mancher Engadiner Siedlungen jener Zeit. Sie sind Bestandteile des Fundguts von Schuls-Kirchhügel, Ardez-Suot Chastè (dort mit Kreisstempeln verziert) und Ramosch-Mottata.

Die Laugen-Melaun-Leute haben vermutlich ihre Toten auf Scheiterhaufen verbrannt, danach die Knochenreste aufgelesen und bestattet, wie es in Südtirol nachgewiesen ist. Im Gebiet von Graubünden, im Sankt Galler Rheintal und im Fürstentum Liechtenstein konten bisher keine Friedhöfe oder Gräber der Laugen-Melaun-Gruppe aufgespürt werden.

Auf dem Geländesporn Mottata bei Ramosch im Unterengadin lag einer der für die Laugen-Melaun-Gruppe typischen Brandopferplätze. Dort wurden bei bestimmten Anlässen Haustiere geschlachtet und zusammen mit Tongefäßen ins Feuer geworfen. Dies verrät eine Opferschicht mit angebrannten Knochenresten und Scherben von Laugen-Melaun-Keramik. Ein ähnlicher Brandopferplatz wurde auf dem Eschnerberg[16] in Liechtenstein entdeckt.

Vielleicht wurden die Feuer auf den hochgelegenen und somit weithin sichtbaren Brandopferplätzen zur gleichen Zeit entzündet. Wenn es so gewesen wäre, hätte man auf jeder Kultstätte Feuerzeichen von anderen Bergheiligtümern sehen können.

Sogar Kannibalismus könnte in Graubünden praktiziert worden sein. Denn der rechte Ellbogenknochen des erwähnten 1,70 Meter großen Mannes von Schuls-

Kirchhügel weist einige parallele Schnitt- oder Kratz-
spuren auf. Zudem wurde er merkwürdigerweise
inmitten von Tierknochen gefunden.

Anmerkungen

Die Spätbronzezeit in der Schweiz
1] Die Zusammenstellung dieser Übersicht über die Verbreitung und Zeitdauer von Kulturen der Spätbronzezeit entstand 1996 mit Hilfe der deutschen Prähistorikerin Gretel Callesen (früher Gallay) aus Nidderau (Hessen) und des schweizerischen Prähistorikers Jürg Rageth vom Archäologischen Dienst Graubünden, Haldenstein.

Die Laugen-Melaun-Gruppe
1] Die Siedlung von Ardez-Suotchastè wurde 1969 beim Verbreitern der Kantonstraße entdeckt.
2] In Schuls-Kirchhügel ließ 1965 das Rätische Museum, Chur, durch den Sekundarlehrer Armon Planta (1917–1986) aus Chur eine Sondiergrabung vornehmen. Er erhielt 1986 den Ehrendoktortitel der Universität Bern auf dem Gebiet der Straßenforschung, insbesondere der Römerstraßenforschung der Schweiz und vor allem Graubündens. 1966 bis 1968 nahm der Lehrer und Heimatforscher Benedikt Frei (1904–1975) aus Mels eine Ausgrabung vor.
3] Die Siedlung Ramosch-Mottata wurde 1953 von dem Forstingenieur Niculin Bischoff aus Ramosch entdeckt. 1953 nahm der Oberingenieur der Rätischen Bahn, Hans Conrad (1887–1961) aus Lavin/Engadin, eine größere Sondierungsgrabung vor. Von 1956 bis 1958 wurde die Fundstelle durch Benedikt Frei (s. Anm. 2) untersucht.

4] In Susch wurden in den 1930-er Jahren durch Hans
Conrad (s. Anm. 3) sowie teilweise durch den Braue-
reibesitzer und Heimatforscher Riet Campell (1866–
1951) aus Celerina/Schlarigna und dessen Sohn, den
Förster Eduard Campell aus Bever, Sondiergrabungen
durchgeführt.

5] Die Siedlung auf dem Felskopf Lichtenstein ob
Haldenstein wurde 1934 von dem Kreisförster
und Heimatforscher Walo Burkart (1887–1952) aus
Chur untersucht sowie 1934 und 1935 ausgegraben.

6] In Domat/Ems wurden im Spätherbst 1983 wegen
Bauvorhaben Grabungen unter Leitung der Archäologen Urs Clavadetscher und Manual Janosa, beide aus
Chur, durchgeführt. Weitere Ausgrabungen erfolgten
1984 durch den Prähistoriker Jürg Rageth aus Chur.

7] In Chur-Sennhof hat der Archäologische Dienst
Graubünden 1984 im Zusammenhang mit dem Neu-
bau eines Werkstattgebäudes eine Fläche von 600
Quadratmetern untersucht. In Chur-Karlihof wurden
vor dem geplanten Bau einer Kulturgüterschutzanlage
für die Kantonsbibliothek und das Staatsarchiv vom
Herbst 1986 bis Herbst 1987 etwa 2270 Quadratmeter
Fläche ausgegraben.

8] Auf dem Montlinger Berg bei Oberriet wurden 1903
beim Bau eines Reservoirs erste Siedlungsspuren
entdeckt. Weitere Funde kamen 1912 bei der Ausbeu-
tung eines Steinbruches zum Vorschein. 1921 bis 1926
führte das Historische Museum, Sankt Gallen, syste-
matische Grabungen durch. Im Herbst 1951 erfolgten

Grabungen durch die Zentralstelle für Ur- und Frühgeschichte.

9] Auf dem Lutzengüetle hat 1942 bis 1944 der Historische Verein für das Fürstentum Liechtenstein unter Leitung des Oberlehrers David Beck (1893–1966) aus Vaduz gegraben. 1945 erfolgte eine Grabung des Prähistorikers Emil Vogt (1906–1974) aus Zürich.

10] Auf dem Malanser wurden ab 1933 und in den folgenden Jahren Funde aus mehreren Zeitepochen aufgelesen. Wegen der zahlreichen Objekte erfolgte 1946 zur Abklärung der Situation eine Sondierung durch David Beck (s. Anm. 9) sowie Benedikt Frei (s. Anm. 2).

11] Bei der Grabung durch den Kunsthistoriker, Künstler und Konservator der Liechtensteinischen Kunstsammlung, Georg Malin aus Mauren, in der Kirche von Bendern zwischen 1968 und 1974 wurden 1969 auch urgeschichtliche Objekte – darunter Scherben der Spätbronzezeit – entdeckt.

12] Auf dem Gutenberg bei Balzers wurde 1932 und 1933 bei Sondierungen in der Wanne auf halber Höhe des Burghügels eine Kulturschicht angegraben, die Laugen-Melaun-Keramik enthielt. Diese hat man aber einerseits nicht vollständig ergraben, und andererseits ist sie durch spätere Störungen und Umlagerungen nicht mehr eindeutig verifizierbar. Auch bei den Grabungen im Burgareal selbst wurden sowohl bei den Renovierungsarbeiten zu Beginn des 20. Jahrhunderts durch den Besitzer der Burg Gutenberg, den Bildhauer, Architekten und Urgeschichtsforscher Egon Rheinberger (1870–1936), und dann auch bei den Grabungs-

kampagnen des Prähistorikers Jakob Bill aus Luzern
keine Spuren einer spätbronzezeitlichen Besiedlung
ermittelt.

13] Auf Krüppel ob Schaan entdeckte 1960 ein Ein-
heimischer Reste einer Höhensiedlung. 1961 erfolgte
eine Sondierung. 1962 und 1963 führte David Beck (s.
Anm. 9) Grabungen durch. In den folgenden Jahren
glückten immer wieder Lesefunde.

14] Bei den Ausgrabungen von Georg Malin (s. Anm.
11) zwischen 1973 bis 1975 im Bereich der seit 1893
bekannten römischen Villenanlage auf der Flur »Im
Feld« in Nendeln kam auch eine spätbronzezeitliche
Kulturschicht mit Feuerstelle, Keramikfragmenten und
Tierknochen zum Vorschein.

15] In Montagna ob Schiers entdeckte 1914 der Land-
wirt Florian Hartmann (1874–1956) aus Schiers eine
Anzahl von Bronzebarren und Gusskuchen. Einen
weiteren, wohl verschleppten Gusskuchen fand ein
Schüler am Abhang des Scheibenbühls.

16] Ab 1933 wurden auf dem Schneller zahlreiche Funde
aus mehreren Kulturstufen aufgelesen. 1943 fand eine
Sondierung durch David Beck (s. Anm. 9) statt, um die
oberirdisch gelegenen kalzinierten Knochen der
Brandschicht näher deuten zu können. Von 1949 bis
1951 erfolgten mehrere Grabungen.

Literatur

Die Spätbronzezeit in der Schweiz
PRIMAS, Margarita: Der Beginn der Spätbronzezeit im Mittelland und Jura. Aus: Ur- und frühgeschichtliche Archäologie der Schweiz, Band 3, Die Bronzezeit, S. 55-70, Basel 1971
PROBST, Ernst: Deutschland in der Bronzezeit. Bauern, Bronzegießer und Burgherren zwischen Nordsee und Alpen, München 1996
SPECK, Josef: Die späte Bronzezeit. Aus: DRACK, Walter: Die Bronzezeit der Schweiz. Repertorium der Ur- und Frühgeschichte der Schweiz, S. 17–27, Zürich 1956

Die Laugen-Melaun-Gruppe
BURKART, Walo: Bronzedepotfund in Graubünden. Ur-Schweiz, Jahrgang 9, Nr. 1, S. 181–19, Basel 1945
CONRAD, Hans: Beitrag zur Frage der urgeschichtlichen Besiedlung des Engadins. Jahresbericht der historisch-Antiquarischen Gesellschaft von Graubünden, Band 70, S. 5–40, Chur 1940
DEFUNS, Alois / GAUDENZ, Gian: Chur, Sennhof 1984 / Karlihof 1986-87: spätbronzezeitliche, eisenzeitliche und römische Befunde. Jahrbuch der Schweizerischen Gesellschaft für ur- und Frühgeschichte, Band 71, S. 187–188, Basel 1988

FREI, Benedikt: Die Höhensiedlung Montlingerberg. Ur-Schweiz, Jahrgang 16, Nr. 1, S. 18–29, Basel 1952

FREI, Benedikt: Zur Datierung der Melauner Keramik. Zeitschrift für Schweizerische Archäologie und Kunstgeschichte, Band 15, S. 129-173, Zürich 1954/55

FREI, Benedikt: Oberriet (Bez. Oberrheintal, St. Gallen). Jahrbuch der Schweizerischen Gesellschaft für Ur- und Frühgeschichte, Band 44, S. 146–151, Frauenfeld 1954/55

FREI, Benedikt: Die Ausgrabungen auf der Mottata bei Ramosch im Unterengadin 1956–1958. Jahrbuch der Schweizerischen Gesellschaft für Urgeschichte, Band 47, S. 34–45, Basel 1958/59

FREI, Benedikt: Urgeschichtliche Räter im Egadin und Rheintal? Jahrbuch der Schweizerischen Gesell-schaft für Ur- und Frühgeschichte, Band 55, S. 135–140, Basel 1970

FREI, Benedikt: Die späte Bronzezeit im alpinen Raum. Aus: Ur- und frühgeschichtliche Archäologie der Schweiz, Band 3, Die Bronzezeit, S. 87–102, Basel 1971

KELLER-TARNUZZER, Karl: Der Bronzedepotfund von Schiers (Graubünden). Anzeiger für Schweizerische Altertumskunde, 37. Band, S. 81–89, Zürich 1935

KOSSACK, Georg: Gero v. Merhart und sein akademischer Unterricht in Marburg. Marburger Studien zur Vor- und Frühgeschichte, Band 7 (Festschrift für Gero von Merhart), S. 1–15, Marburg 1986

OEGGL, Klaus: Botanische Untersuchungen zur menschlichen Besiedlung im mittleren Alpenraum während der Bronze- und Eisenzeit. Aus: Die Räter I Reti, S. 709–721, Bozen 1992

RAGETH, Jürg: Der Lago di Ledro im Trentino und seine Beziehungen zu den alpinen und mitteleuropäischen Kulturen. 55. Bericht der Römisch-Germanischen Kommission, S. 73–259, Frankfurt am Main 1974

RIEDEL, Alfredo: Zur spätbronze- und eisenzeitlichen Fauna im Rätergebiet. Aus: Die Räter I Reti, S. 701–708, Bozen 1992

STAUFFER, Lotti / MAGETTI, Marino / MARRO, Christian: Formenwandel und Produktion der alpinen Laugener Keramik. Archäologie der Schweiz, Band 2, S. 130–137, Basel 1979

STAUFFER-ISENRING, Lotti: Die Siedlungsreste von Scoul Munt Baselgia (Unterengadin GR). Ein Beitrag zur inneralpinen Bronze- und Eisenzeit. Antiqua, Band 9, Basel 1983

VONBANK, Elmar: Laugener und Melauner Keramik im Fürstentum Liechtenstein. Helvetia Archaeologica, Jahrgang 8, Heft 34/36, S. 131–136, Zürich 1977

Bildquellen

Klaus Benz, Fotograf, Mainz-Laubenheim: 45
Reproduktionen von Fotos aus dem Buch »Deutschland
in der Bronzezeit« (1996) von Ernst Probst: 24 (Rudolf
W. Burkart, Chur), 25, 28 (Historisches Museum Sankt
Gallen), 18 (Professor Dr. Walter Leitner, Institut für
Ur- und Frühgeschichte, Universität Innsbruck), 19
(Philipps-Universität Marburg, Fachbereich Alter-
tumswissenschaften, Vorgeschichtliches Seminar), 29
(Rätisches Museum, Chur), 16 (Dr. Jürg Rageth, Ar-
chäologischer Dienst Graubünden, Haldenstein)
Reproduktion einer Karte aus dem Buch »Deutschland
in der Bronzezeit“ (1996) von Ernst Probst: 15 (Rainer
Veit, Mainz, nach Angaben von Dr. Jürg Rageth,
Archäologischer Dienst Graubünden, Haldenstein)
Reproduktionen von Zeichnungen aus dem Buch
„Deutschland in der Bronzezeit« (1996) von Ernst
Probst: 11 (Reproduktion aus Jorn Street-Jensen:
Christian Jürgensen Thomsen und Ludwig Linden-
schmit: Eine Gelehrtenkorrespondenz aus der Frühzeit
der Altertumskunde (1853–1964), Mainz 1985), 1
(Reproduktion einer historischen Trachtenrekonstruk-
tion des Münchener Historienmalers und Altertumsfor-
schers Julius Naue, Foto: Prähistorische Staatssamlung,
München)

Der Autor Ernst Probst

Ernst Probst, geboren am 20. Januar 1946 in Neunburg vorm Wald im bayerischen Regierungsbezirk Oberpfalz, ist Journalist und Wissenschaftsautor. Er arbeitete von 1968 bis 1971 als Redakteur bei den »Nürnberger Nachrichten«, von 1971 bis 1973 in der Zentralredaktion des »Ring Nordbayerischer Tageszeitungen« in Bayreuth und von 1973 bis 2001 bei der »Allgemeinen Zeitung«, Mainz. In seiner Freizeit schrieb er Artikel für die »Frankfurter Allgemeine Zeitung«, »Süddeutsche Zeitung«, »Die Welt«, »Frankfurter Rundschau«, »Neue Zürcher Zeitung«, »Tages-Anzeiger«, Zürich, »Salzburger Nachrichten«, »Die Zeit", »Rheinischer Merkur«, »Deutsches Allgemeines Sonntagsblatt«, »bild der wissenschaft«, »kosmos«, »Deutsche Presse-

Agentur« (dpa), »Associated Press« (AP) und den »Deutschen Forschungsdienst« (df). Aus seiner Feder stammen die Bücher »Deutschland in der Urzeit« (1986), »Deutschland in der Steinzeit« (1991), »Rekorde der Urzeit« (1992), »Dinosaurier in Deutschland« (1993 zusammen mit Raymund Windolf) und »Deutschland in der Bronzezeit« (1996). Von 2001 bis 2006 betätigte sich Ernst Probst als Buchverleger sowie zeitweise als internationaler Fossilienhändler und Antiquitätenhändler. Insgesamt veröffentlichte er mehr als 100 Bücher, Taschenbücher, Broschüren und E-Books.

Bücher von Ernst Probst

Affenmenschen
Von Bigfoot bis zum Yeti

Annie Oakley
Die Meisterschützin des Wilden Westens

Archaeopteryx. Der Urvogel aus Bayern

Christl-Marie Schultes. Die erste Fliegerin in Bayern
(zusammen mit Theo Lederer)

Cortés und Malinche. Der spanische Eroberer
und seine indianische Geliebte

Das Dinotherium-Museum Eppelsheim
Führer durch die Ausstellung
(zusammen mit Dr. Jens Lorenz Franzen
und Heiner Roos)

Der Europäische Jaguar

Der Mosbacher Löwe
Die riesige Raubkatze aus Wiesbaden

Der Rhein-Elefant
Das Schreckenstier von Eppelsheim

Dinosaurier in Deutschland. Vom *Efraasia*
bis zu *Sellosaurus*

Dinosaurier von A bis K. Von *Abelisaurus*
bis zu *Kritosaurus*

Dinosaurier von L bis Z. Von *Labocania*
bis zu *Zupaysaurus*

Eiszeitliche Geparde in Deutschland

Eiszeitliche Leoparden in Deutschland

Frauen im Weltall

Höhlenlöwen. Raubkatzen im Eiszeitalter

Johann Jakob Kaup
Der große Naturforscher aus Darmstadt

Julchen Blasius. Die Räuberbraut des Schinderhannes

Königinnen der Lüfte in Deutschland

Königinnen der Lüfte in Europa

Königinnen der Lüfte in Amerika

Königinnen der Lüfte von A bis Z

Königinnen des Tanzes

Malende Superfrauen

Meine Worte sind wie die Sterne
Die Entstehung der Rede des Häuptlings Seattle
(zusammen mit Sonja Probst)

Monstern auf der Spur
Wie die Sagen über Drachen, Riesen
und Einhörner entstanden

Österreich in der Frühbronzezeit

Österreich in der Mittelbronzezeit

Österreich in der Spätbronzezeit

Pompadour und Dubarry. Die Mätressen
von Louis XV.

Raub-Dinosaurier von A bis Z.
Mit Zeichnungen von Dmitry Bogdanav
und Nobu Tamura

Rekorde der Urmenschen
Erfindungen, Kunst und Religion

Rekorde der Urzeit
Landschaften, Pflanzen und Tiere

Säbelzahnkatzen. Von *Machairodus*
bis zu *Smilodon*

Superfrauen 13 – Mode und Kosmetik

Superfrauen 14 – Medien und Astrologie

Tony und Bruno Werntgen. Zwei Leben
für die Luftfahrt (zusammen mit Paul Wirtz)

Zenobia von Palmyra. Eine Frau kämpft
gegen die Römer

Bestellungen bei: http://www.grin.com